Romanian Fairy Tales

Petre Ispirescu

Basme românești

Romanian Fairy Tales
Author: Petre Ispirescu
Book illustrations:
    Diana Andriuca
Cover design:
    All Best Impression Graphics

Basme româneşti
Autor: Petre Ispirescu
Ilustraţia cărţii:
    Diana Andriuca
Coperta:
    All Best Impression Graphics

ISBN (10):   0-9797618-1-6
ISBN (13):   978-0-9797618-1-2

We choose three exceptional stories written by Petre Ispirescu to inaugurate a series of bilingual illustrated books for children. The first volume consists of the following stories: "The Wonderful Bird", "Youth without Age and Life without Death", and "The Morning Star and The Evening Star". Petre Ispirescu's folk stories and fables have brought joy to everyone throughout the years, and continue to fill with joy future generations. The purpose of this series is to help readers, parents and teachers, to find wonderful stories for children, as well as preserving the history of Romanian literature.

Am ales trei basme de excepție din opera lui Petre Ispirescu pentru a deschide această serie de cărți ilustrate bilingve pentru copii. Volumul conține "Pasărea măiastră", "Tinerețe fără bătrânețe și viață fără de moarte" și "Luceafărul de ziuă și luceafărul de noapte". Basmele și legendele lui Petre Ispirescu ne-au delectat de-a lungul timpului si continuă să bucure generații de copii. Scopul acestei serii este de a ajuta cititorii, părinții și educatorii să găsească povești minunate pentru copii și în același timp să păstreze moștenirea istorie literaturii românești.

The Wonderful Bird

Once upon a time, something happened. If it had not happened, it would not be told.

There was a good, pious emperor, who had three sons. Among many other benefits bestowed upon the inhabitants of his empire he built a church, about which marvelous stories were told, for he adorned it with gold, precious stones and every thing the workmen of that country regarded as beautiful and valuable. Within and in front of this church were numbers of marble columns, and it was supplied with the finest paintings, silver chandeliers, huge silver lamps, and the rarest books. The more the emperor rejoiced in its beauty, the more sorrowful he felt that he could not finish it, for the steeple continually fell down.

"How is it that this sacred church can not be completed?" he asked. "I have spent all my property and it is not yet done."

Pasărea măiastră

A fost odată ca niciodată, că dacă n-ar fi fost nu s-ar fi povestit.

A fost odată un împărat evlavios şi bun. El avea trei feciori. Pe lângă multe bunătăţi ce făcuse oamenilor din împărăţia lui, a ridicat şi o monastire de care să se ducă pomina. A împodobit-o cu aur, cu pietre nestemate şi cu tot ceea ce meşterii din acea ţară au socotit mai scump şi mai frumos. O mulţime de stâlpi de marmură şi poleiţi erau prin biserică şi pe dinaintea ei. Zugrăvelele cele mai preţioase, policandre de argint suflate cu aur, candele de argintul cel mai bun şi mari cât doniţa, cărţile cele mai alese erau zestrea monastirii aceleia. Cu cât se bucura împăratul de frumuseţea ei, cu atât se întrista că nu putea să o săvârşească pe deplin, căci turnul se surpa.

- Cum se poate, zise împăratul, să nu pot sfârşi astă sfântă biserică? Iată am cheltuit toată starea, şi ea nu este încă târnosită.

So, he ordered a proclamation to be sent throughout the empire, stating that any architect who could finish the church steeple would receive great gifts and honors. Besides this, a second proclamation was issued, commanding prayers to be read and services held in all the churches that God might take pity on him and send him a good architect.

The third night the monarch dreamed that if any one would fetch the wonderful bird from the other shore and put its nest in the steeple, the church could be finished. He told this dream to his sons, and they vied with each other in offering to set out and devote themselves to their imperial father's service.

The emperor replied:

"I see, my sons, that you all desire to fulfill your duty to God, but you can't all three go at once. My oldest son shall set out first, if he does not succeed, the second one, and so on until the Lord takes pity upon us."

The younger sons silently submitted; the oldest one made his preparations for the journey. He traveled as best he could, and when he had passed the frontiers of his father's empire, found himself in a beautiful grove. After lighting a fire he stood waiting until his food was cooked. Suddenly he saw a fox, which begged him to tie up his hound, give it a bit of bread and a glass of wine, and let it rest by his fire. Instead of granting the request the prince released the hound, which instantly pursued the animal, whereupon the fox, by a magic spell, transformed the emperor's son into a block of stone.

Şi dete sfară în ţară ca orice meşter se va găsi care să poată
să-i ridice turnul, să ştie că va dobândi de la dânsul mari
daruri şi boierie. Pe lângă acestea, poruncă dete ca în toate
bisericile să se facă rugăciuni şi privegheri, ca să se îndure
milostivul Dumnezeu a-i trimete un meşter bun.

Iară a treia noapte visă împăratul că dacă va aduce cineva
pasărea măiastră de pe tărâmul celălalt şi să-i aşeze cuibul
în turn, se va putea face monastirea desăvârşit. Spuse
fiilor acest vis, iară ei se întreceau care de care să plece
mai-nainte, şi să se închine cu slujba la tată-său împăratul.
Atunci împăratul le zise:

- Eu văz, feţii mei, că toţi aveţi dorinţă de a vă face datoria
către Dumnezeu; însă nu vă puteţi duce toţi deodată.
Primul să se ducă fiul meu cel mai mare; şi daca nu va
putea el să izbutească, să se ducă altul, şi tot aşa pe rând,
până când Dumnezeu îşi va arăta mila lui către noi.

Copiii tăcură şi se supuseră; iară feciorul cel mare al
împăratului se găti de drum. Merse ce merse şi dacă trecu
de hotarele tatălui său, stete să conăcească într-o
dumbravă frumoasă. După ce făcu focul, sta acolo până să
se gătească mâncarea, când văzu deodată înaintea lui un
vulpoi care îl rugă să-şi lege ogarul, să-i dea şi lui un
codru de pâine, un pahar de vin şi să-l lase să se
încălzească şi el la ăl foc. Fiul împăratului, în loc să asculte
rugăciunea, dete drumul ogarului, care se luă după
dânsul. Atunci vulpoiul făcu un semn asupra lui şi îl
schimbă în stană de piatră.

When the sovereign saw that his oldest son did not return, he listened to the entreaties of his second son, and gave him permission to set forth to find the wonderful bird. After making his preparations and taking some provisions with him, this prince also departed. On the spot where his brother had been turned to stone, the same thing happened to him, because he also refused the fox's entreaties, and tried to catch it, to get its skin.

The emperor grew very thoughtful, when after a long time his sons failed to return, either with or without the wonderful bird.

At last the youngest said:

"You see, father, it is now a long time since my brothers set out to find the wonderful bird, and they haven't come home yet; give me some money and clothes for the journey that I may try my luck also. If I succeed, you will rejoice, because your dream will be fulfilled, and if I do not, you will suffer no mortification from it."

"Your older brothers have apparently been unable to get this wonderful bird," replied the emperor; "nay, perhaps they have even lost their lives, they have been absent so long. I am old; if you go too, who will help me in the cares of government; if I die, who is there to ascend the throne except you, my son? Stay here, my dear child, do not leave me."

Văzând împăratul că fiul său cel mare nu se mai întoarce
ascultă rugăciunea fiului celui mijlociu, şi îi dete voie să
meargă şi dânsul. Acesta, după ce se găti şi îşi luă
merinde de drum, porni şi dânsul. La locul unde se
împietrise frate-său, păţi ca dânsul; fiindcă nu voi să dea
ascultare rugăciunilor ce-i adusese vulpoiul, ci voia să-l
prinză ca să-i ia pielea.

Împăratul se puse pe gânduri văzând că după atâta mare
de timp nu se mai întoarse fiii săi nici cu pasărea măiastră,
nici fără dânsa, când fiul cel mai mic îi zise:

- Tată, iată este acum destul timp de când fraţii mei cei
mari au plecat să aducă pasărea măiastră şi nu s-au mai
întors nici cu ispravă, nici fără ispravă. Să-mi dai bani de
cheltuială şi haine de primeneală, ca să-mi cerc şi eu
norocul. Şi de voi izbuti, te vei bucura, tată, că ţi se
împlineşte dorinţa, iară de nu, eu nu voi suferi nici o
umilinţă.

- Fraţii tăi cei mari, zise împăratul, după cum se vede, n-
au putut să facă nimic spre a aduce acea pasăre măiastră,
ba poate să-şi fi răpus capetele, deoarece sunt duşi de
atâta timp şi nu se mai întoarce nici unul. Eu sunt bătrân
de aci înainte; daca vei lipsi şi tu, cine să-mi dea ajutor la
greutăţile împărăţiei, şi daca voi muri, cine să se suie pe
scaunul meu, daca nu tu, fiul meu? Rămâi aci, dragul
tatei, nu te mai duce.

"You know, my royal father, that I have never swerved a hair's breadth from your commands, and if I now venture to urge my petition it is only because, if possible, I would fain fulfill a wish that gives you no rest, which you have cherished so many years and striven to realize at so great a cost."

After many entreaties, the emperor yielded. The prince chose from the imperial stables a horse that pleased him, took a dog for a companion, supplied himself with sufficient food and departed.

After some time had passed, the emperor's two older sons suddenly arrived with the magic bird and a young girl, who was placed in charge of the poultry-yard. Every body wondered at the beauty of the bird, whose plumage glittered with a thousand hues, each feather shining like the sun, and the church-steeple did not fall after the bird and its nest were placed within. One thing, however, was noticed; the bird seemed dumb, it never uttered a note, and all who saw it grieved that so beautiful a creature should have no song; even the emperor, spite of all the pleasure he took in the church and steeple, was sorrowful because the bird did not sing.

People began to forget the youngest son, so great was the rejoicing over the bird that seemed to keep the steeple from falling, and thus enabled the workmen to finish the church; but the emperor grieved because the prince was not there to share his subjects' pleasure.

- Domnia ta, tată, ştii prea bine că n-am ieşit din poruncile împărăţiei tale nici cât negru sub unghie; şi dacă acum cutez a stărui în rugăciunea mea, este numai că voiesc, dac-aş putea, să împlinesc o dorinţă care nu dă odihnă sufletului măriei tale, dorinţă pe care te sileşti de mulţi ani şi cu mari cheltuieli să o împlineşti.

După multe rugăciuni şi stăruinţă, împăratul se înduplecă şi-i dete voie. Îşi alese calul ce-i plăcu din grajdul împărătesc, un ogar să-l aibă de tovarăş, îşi luă merinde de ajuns şi plecă.

După trecere de oarecare timp, sosiră amândoi fiii cei mai mari ai împăratului, aducând cu sine-le pasărea măiastră şi o roabă pe care o făcură găinăreasă. Toată lumea se mira de frumuseţea acelei pasări, care era cu mii de mii de vopseli, penele ei străluceau ca oglinda la soare; iar turnul bisericii nu se mai surpă; pasărea se aşeză în acel turn cu cuibul ei. Un lucru se băgă de seamă; pasărea se părea a fi mută, căci nu da nici un viers, şi toţi câţi o vedea o căinea cum de o aşa pasăre frumoasă şi mândră să nu aibă viers, pentru care şi împăratul, cu toată bucuria ce avea pentru biserică şi turnul ei, se mâhnea că pasărea nu-i cânta.

Locuitorii începusără a uita de fiul împăratului cel mic, atâta de multă bucurie aveau ei că li se adusese pasărea măiastră, ceea ce oprise turnul de a se surpa, şi astfel biserica se putuse face cu desăvârşire; numai împăratul se mâhnea în sufletul său că nu este de faţă şi fiul său cel mic care să se împărtăşească de bucuria poporului său.

One day the poultry-keeper came to him and said: "May thy face shine, mighty emperor, the whole city is marveling at the singing of the magic bird—a shepherd entered the church early this morning, and the bird instantly began to sing as if it would burst its throat, and is so happy that it can hardly keep in its nest. This has happened to-day for the second time. While the shepherd is in the church the bird never stops singing, but as soon as he goes away, it is silent."

"Let the shepherd be brought before me at once."

"Your majesty, the shepherd seems to be a stranger; no one here knows him. Your majesty's sons, I hear, have set guards to arrest him."

"Silence," said the emperor; "do not mention my sons; it is not seemly for you to speak against them."

The sovereign sent some of his most trusty servants to keep watch, seize the shepherd as soon as he entered the church and the bird began to sing, and bring him before him. But, not happy with this, he went himself the next holiday to hear the bird's wonderful singing with his own ears, and see the shepherd. If he had not been present, a violent conflict would have arisen between his own people and the spies sent by his sons, who evidently wished to lay hands on the shepherd. The emperor ordered that he should be brought to the palace, for a strange feeling stirred in his heart when he saw the timid youth with the figure of a hero.

Într-una din zile veni găinăreasa şi-i zise:

- Mărite împărate, să-ţi fie faţa luminată, toată cetatea se
minunează de viersul pasării măiestre; un cioban, cum a
intrat azi de dimineaţă în biserică, pasărea a început să
cânte de să se spargă, şi este aşa de veselă, încât pare că
nu o încape locul. Asta este a doua oară de când, cum
intră acel cioban în biserică, pasărea nu mai conteneşte de
a cânta; cum iese el, ea tace.

- Să se aducă acel cioban înaintea mea chiar acum.

- Măria ta, după cum se vede, ciobanul este străin, căci
nimeni nu-l cunoaşte. Fiii măriei tale, precum mi s-a spus,
ar fi pus paznici să-l prinză.

- Taci! zise împăratul, nu vorbi de fiii mei, căci nu ţi se
cuvine ţie să te atingi de ei.

Împăratul puse şi el câţiva slujbaşi să pândească pe sub
ascuns şi, cum va vedea pe ciobanul care, când va intra în
biserică, pasărea va cânta, să pună mâna pe dânsul şi să-l
aducă înaintea lui.

Nu s-a mulţumit pe atât, ci şi însuşi s-a dus la biserică în
sărbătoarea cea mai apropiată ca să auză cu urechile sale
cântecul cel minunat al pasărei, şi să vază cu ochii săi pe
acel păstor tânăr; şi, de n-ar fi fost de faţă, s-ar fi întâmplat
o luptă crâncenă între slujitorii săi şi oamenii puşi de fiii
lui, carii voiau cu dinadinsul să pună mâna pe cioban.
Atunci porunci împăratul să aducă pe acel păstor cu
omenie la palatul său, pentru că nu ştiu ce simţi împăratul
în inimă când îl văzu aşa de tânăr, blând, smerit şi cu
boiul de voinic.

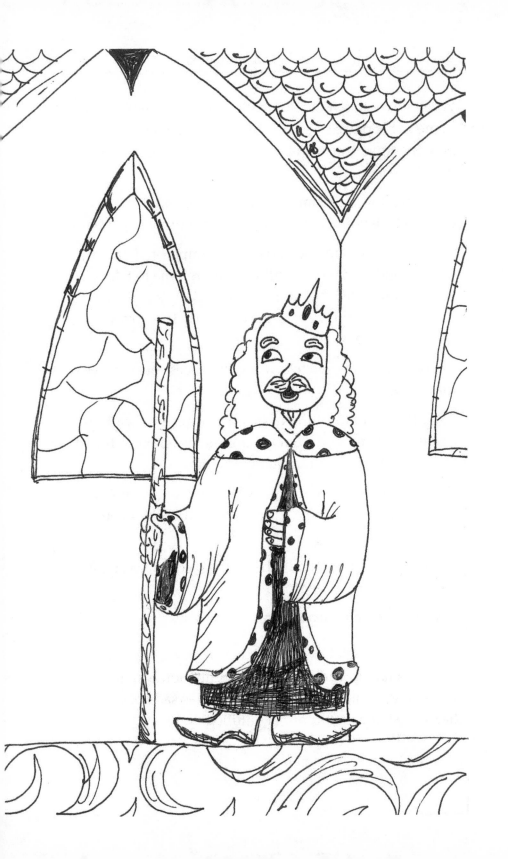

When he came out of church, the monarch went directly home to his palace, for his heart told him that there must be something unusual about this shepherd. On seeing him, he said:

"Tell me, my son, from what part of the country do you come? Have you any parents, and how did you get here?"

"My story is a long one, most noble emperor. I have parents and brothers. I shall need more time to tell you how I came hither, but if it is your majesty's will, I am ready. I will come to your majesty early tomorrow morning, it is too late today."

"Very well, my brave fellow, I will expect you at dawn tomorrow."

Early the next morning the shepherd came to await the emperor's commands; but as soon as the emperor heard that he had arrived, he summoned him.

"Tell me, my son, what is the reason the magic bird sings as soon as you enter the church and stops when you go out."

"To understand that and other things, your majesty, let me tell you my whole story."

"I will listen; tell me anything you please."

The shepherd then began:

"I have a father, and brothers. I left my home to do something to please my father, who was sad because he had a wish that could not be fulfilled.

După ce ieşi de la biserică, împăratul se duse drept la palat, pentru că inima îi zicea că trebuie să fie ceva de ciobanul acela. Cum îl văzu împăratul, îi zise:

- Ia spune-mi, flăcăule, din ce parte de loc eşti? Ai părinţi, şi cum s-a întâmplat de ai venit p-aci?

- Istoria mea, luminate împărate, este lungă. Părinţi am, asemenea şi fraţi. Ca să-ţi povestesc cum am venit p-aici şi din ce parte de loc sunt, îmi trebuie mai mult timp. Dară daca voinţa măriei tale este să ştii, sunt gata a mă supune. Chiar mâine până în ziuă voi veni la măria ta pentru aceasta. Acum este târziu.

- Bine, voinice; mâine în revărsat de ziori te aştept.

A doua zi dis-de-dimineaţă, ciobanul veni şi aşteptă porunca împăratului; iară împăratul, cum auzi că a venit păstorul cu pricina, îl chemă înaintea lui.

- Ia spune-mi, flăcăule, ce este cauza de cântă pasărea măiastră, cum pui tu piciorul în biserică, şi tace, daca ieşi?

- Ca să ştii aceasta şi altele, luminate împărate, lasă-mă să-ţi povestesc toată istoria mea.

- Iacă te ascult, povesteşte-mi tot ce vei voi.

Atunci ciobanul începu:

- Am tată şi fraţi. Am plecat din casa părintească ca să fac o faptă care să veselească pe tata, căci el era trist că nu putea să-şi împlinească dorinţa.

After a journey of several days I reached a beautiful meadow, from which branched several roads. Intending to spend the night there, I lighted a fire, took out some of the provisions I had brought with me, and was just sitting down to eat them, when I suddenly saw a fox beside me. Whence it came I did not know; it seemed as if it had sprung up out of the earth.

"Please let me warm myself by your fire,' it said. 'See, I am so cold that my teeth chatter. Give me a bit of bread and a glass of wine, that I may satisfy my hunger and thirst, and tie your dog, so I can eat in peace and rest without fear."

"Very well,' I replied, 'come and warm yourself. Here are my provisions and my flask, eat and drink as much as you choose."

I tied my dog, and we sat down by the fire and talked together. Among other things, I told the fox where I was going, and even asked if it could tell me what I should do to accomplish the task I had voluntarily undertaken.

"Have no worry about that,' replied the fox. 'We'll set out together early tomorrow morning, and if I don't help you to the goal, never trust me again."

We sat by the fire, feasting like two friends, then the fox bade me good-night, and vanished like a shadow. I wondered how it had been possible that I did not see what direction the animal took, and while racking my brains to find out how it had managed to go and come unperceived, I fell asleep.

După o călătorie de câteva zile, am ajuns la o câmpie frumoasă, de unde se deschidea mai multe drumuri. Acolo am voit să conăcesc. Mi-am făcut un focşor bun, am scos merindele ce aveam şi, când era să mă pui la masă, mă trezesc cu un vulpoi lângă mine. Nu ştiu nici de unde, nici pe unde veni, că eu nu l-am văzut. Pare că ieşi din pământ.

- Fă bine, mă rog, îmi zise, şi lasă-mă să mă încălzesc şi eu la focul tău, că uite, tremur de-mi clănţănesc dinţii în gură. Dă-mi şi o bucată de pâine şi un pahar de vin să-mi potolesc a foame şi sete care mă chinuiesc. Şi ca să mănânc în linişte şi să mă pot încălzi fără frică, leagă-ţi ogarul.

- Prea bine, îi zisei, poftim de te încălzeşte; iată merindetele mele, şi plosca mea, mănâncă şi bea cât vei pofti.

Apoi am legat ogarul şi am şezut amândoi lângă foc, povestind. Din una din alta, îi spusei unde mă duc; ba încă îl şi rugai daca ştie ceva să-mi spuie cum să fac, cum să dreg, să-mi împlinesc slujba cu care m-am însărcinat de bună-voia mea.

- Cât pentru asta, îmi zise vulpoiul, fii pe pace. Mâine de dimineaţă plecăm amândoi, şi daca nu te-ai face eu să izbuteşti, să nu-mi mai zici pe nume.

Şezurăm la foc, ne ospătarăm ca nişte prieteni; apoi vulpoiul îşi luă noapte bună şi pieri ca o nălucă. Mă ciudeam în mine cum de să nu-l văz încotro a apucat, şi tot frământându-mi mintea să ştiu cum a venit şi cum s-a dus fără să bag de seamă, am adormit.

When the fox came at dawn next morning, it found me gazing in astonishment at several blocks of stone, which resembled two men, two dogs, and two horses. As soon as I saw the animal, we prepared to set out.

The fox turned three somersaults and suddenly changed into a handsome hero. On the way he told me that the place where I had spent the night was part of his property, that he was married and had several children, but had been condemned to wear the form of a fox until some human being would take pity on him and receive him, let him warm himself by the same fire, give him a bit of bread and glass of wine. As I was this man, he was now released from the spell, and would go with me and never leave me until I had accomplished my object. This event pleased me, and we journeyed on and on all through the long summer day until late at night when we reached a mountain meadow, where we encamped. My traveling companion told me that the next day we should have to pass through the lands of several dragons, and he thought we should there find what we sought.

The following morning we entered the dragons' country, though somewhat timidly, and about noon reached the dragon-palace. It is impossible to describe the magnificent things we saw there. Gardens with all sorts of flowers and fruits, rooms that seemed lined with silver, so that they shone in the sun like mirrors, walls covered with paintings and carved flowers. Every corner of the palace was gilded, and fountains cast jets of water into the air. Luckily for us, the dragons were not at home when we arrived.

Când a venit a doua zi în faptul zilei, m-a găsit minunându-mă de nişte stane de piatră ce închipuiau doi oameni, doi cai şi doi ogari. De cum îl văzui, ne gătirăm de ducă.

Vulpoiul, se dete de trei ori peste cap şi se făcu un voinic, ştii colea, cum ţi-e drag să te uiţi la el. Pe cale îmi spuse că locul unde am mas noaptea trecută era moşia lui, că este însurat, că are copii, că el era blestemat să poarte corpul de vulpoi până când un om va avea milă de el, îi va primi să se încălzească cu dânsul la un foc, îi va da un codru de pâine şi un pahar cu vin; că eu am fost acel om, că acum este dezlegat de blestem şi că de aceea va merge cu mine, şi nu mă va lăsa singur până ce nu voi ajunge la izbândă.

Îmi păru bine de astă întâmplare, şi aşa noi merserăm, zi de vară până-n seară şi ajunserăm la o poiană, unde maserăm peste noapte. Tovarăşul meu de călătorie îmi spuse că a doua zi avem să trecem pe hotarul unor zmei, că acolo credea el că voi găsi ceea ce căutam.

A doua zi am înaintat pe moşia zmeilor, dar tot cam cu teamă, când, pe la chindii, am ajuns la palaturile zmeilor. Mândreţe ce am văzut acolo nu se poate povesti. Grădina cu fel de fel de flori şi de pomi; casele învălite cu argint care strălucea la soare ca oglinda, păreţii era împodobiţi cu chipuri şi flori săpate, iară ciubucele erau poleite; fântâni care aruncau apă în sus. Avurăm parte că zmeii nu erau acasă când am ajuns acolo.

On the threshold we met a beautiful girl, a girl who looked as sweet as if she were made of sugar, and who advised us not to enter the court-yard in the dragons' absence, or we should meet with some misfortune. Then she wept for joy at seeing people from the place from whence the dragons had stolen her. When we asked her about the wonderful bird, she said it was in the possession of some other dragons, relatives of those on whose lands we were.

"Go there,' she added, 'for with God's help, I hope you will succeed, and when you return, take me with you."

After she had told us how we could enter the dragons' court-yard and what we must do, I swore by what was dearest to me in the world, my father, that I would not leave her in the dragons' power, but take her away. Then we continued the journey. To tell the truth, I loved her as soon as I saw her.

When we reached the borders of the next dragon-kingdom, we stopped to rest, but at dawn the following day we crossed the frontier and by noon reached their palace, which was even more beautiful than the first one. As soon as I had dismounted from my horse, I went to the stable, but my companion turned back, for this was what the girl had advised. The horses were at their cribs. One turned its head and looked at me. I patted its eyes, pulled its ears, threw a bridle over its neck, mounted it, and in riding by, took the cage with the magic bird that hung in the entry.

Furăm întâmpinați în pragul porții de o fată frumoasă, frumoasă, de pare că era făcută din zahăr, care ne zise să nu călcăm în curte, în lipsa zmeilor, că nu e bine de noi; apoi lăcrămă de bucurie că a mai văzut oameni de pe tărâmul de unde au furat-o zmeii.

Întrebând-o despre lucrul ce căutam, ne-a spus că se află la alți zmei, rude ale zmeilor pe moșia cărora eram.

- Duceți-vă, ne zise ea, că cu ajutorul lui Dumnezeu, nădăjduiesc să izbândiți, și întorcându-vă, luați-mă și pe mine.

După ce ne învăță cum să facem să intrăm în curtea zmeilor și cum să lucrăm, mă jură pe ce am mai scump pe lume, pe tata, ca să nu o las la zmei, ci să o iau; iară noi ne-am dus. Ce e drept, și mie îmi plăcu fata, de cum o văzui.

Și ajungând la hotarul celorlalți zmei, am stat de ne-am odihnit. Iară în revărsat de zori, am pornit pe tărâmul zmeilor, și am ajuns cam aproape de nămiezi la palaturile lor, care erau și mai frumoase decât ale celor dintâi. Cum am descălecat, m-am dus la grajd, iară tovarășul meu s-a întors înapoi; fiindcă așa ne învățase fata.

Caii erau la iesle. Unul din ei a întors capul și s-a uitat la mine. Eu l-am frecat la ochi, l-am tras de urechi, i-am sumuțat și i-am pus frâul în cap. Apoi încălecând, d-a-ncălarele am luat colivia cu pasărea măiastră care era în pridvor.

When we reached the other dragon palace, the girl was
waiting for us at the gate. Cracking her whip three times
the whole building changed into an apple, which she put
in her pocket. I passed my arm around her, and we set
out. But oh! dear, when the dragons discovered it! How
they chased us, roaring so that our blood curdled in our
veins. I summoned all my courage, spurred my horse, and
fled like the wind with my companion. But the dragons
came as fast as thought. When my comrade saw this, and
perceived that there was no possibility of escape, he
stopped, made a sign and turned them into blocks of
stone. Then we continued our journey till we reached the
field from which we had started and which was part of
the fox's property. After we had rested and I had thanked
God that we had accomplished our task, I asked my
comrade what those stone pillars meant.

"He answered: 'If you know you will regret it, and if you
don't know, you will also regret it."

"Pray tell me."

"These are your brothers,' he answered. 'Instead of kindly
granting my request, as you did, they set their hounds on
me, which condemned me to wear the loathsome fox-skin
still longer, so I turned them to stone."

"For my sake,' I entreated, 'for the sake of our friendship,
make them men again as they were before."

"I prize your friendship greatly,' he replied, 'so let it be as
you wish—but you'll repent it."

Ajungând la palaturile celorlalți zmei, fata ne aștepta în poartă; plesni de trei ori cu un bici și tot palatul se făcu un măr, pe care ea îl luă; iară eu o înhățai de mijloc și pe ici ți-e drumul.

Aoleu! dară zmeii când simțiră! unde veneau cu o falcă în cer și cu una în pământ, și unde răcneau de-ți înghеța sângele în vine. Eu îmi făcui curagi, detei pinteni calului și împreună cu tovarășul meu fugeam ca vântul; zmeii însă veneau ca gândul. Daca văzu tovarășul meu așa și că nu este chip a scăpa cu față curată, se opri în loc, amenință asupra lor și se făcură stane de piatră. Iară noi ne urmarăm călătoria venind până iarăși în câmpia de unde plecasem, adică pe moșia vulpoiului. După ce ne-am odihnit și am dat mulțumită Domnului că am terminat cu bine astă treabă, l-am întrebat ce însemna acele stane de piatră. Atunci el îmi zise:

- De vei ști, te vei căi; de nu vei ști, iarăși te vei căi.

- Spune-mi, te rog, îi zisei.

- Aceștia sunt frații tăi, îmi răspunse. Ei, în loc să facă ca tine, să primească cu dragoste rugăciunea mea, asmuțară ogarii după mine, ceea ce îmi prelungi scârbosul blestem de a purta leșul vulpoiului; iară eu îi împietrii.

- Pentru dragostea mea, rogu-te, îi zisei eu, și pentru prietenia ce am legat, fă-i iară oameni cum au fost.

- Mult mi-e dragă prietenia ta, răspunse el, și de aceea fie după voia ta; dară o să te căiești.

In an instant he made a sign with his hand, the stones suddenly shook, and my brothers remained motionless with amazement, when they saw us before them. We took leave of my comrade and set out on our way home. But see what a fine trick my brothers played me.

"Brother,' they said, after we had ridden about a mile, 'we are tired by the long distance, and it is very warm. Let us go to a pond we know here and each drink a little to cool ourselves." I agreed, and we went there. The oldest drank, so did the second one, but when I was going to drink too, lying face downward at the edge of the pond, so that I could reach the water with my lips, as they had done, I suddenly felt a terrible burning sensation in both feet, and when I turned to see the cause, could not get up; my brothers had cut off both my feet, and then hurried off, without listening to my complaints and entreaties.

I spent three days and nights beside the pond. When my good horse saw a dragon coming, it lifted me by my clothes with its teeth, ran as far as it could and kicked so violently that no wild beast could approach us.

At last, on the fourth day, I met a blind man groping his way along.

"Who are you?" I asked.

"A poor, maimed fellow," said he.

Şi într-un minut nu ştiu ce făcu din mână, că deodată
pietrele acele se scuturară şi fraţii mei rămaseră în mirare
văzându-se faţă cu noi.

Ne luarăm ziua bună de la tovarăşul meu şi plecarăm să
ne întoarcem acasă.

Pasămite, fraţii mei îmi cocea turta.

- Frate, îmi ziseră ei, după ce călătorirăm câtva, am obosit
de atâta drum; căldura este mare; aide ici la un eleşteu pe
care îl ştim noi, să bem câte niţică apă, să ne răcorim.

Am ascultat şi am mers. Bău cel mare, bău şi cel mijlociu;
iară când era să beau şi eu, cum eram pus pe brânci pe
marginea eleşteului ca să ajung cu gura la apă, cum
făcuseră şi ei, mă trezii cu o usturime grozavă la
amândouă picioarele; când să mă întorc să văz ce este
pricina, nu mă mai putui scula în picioare; mi le tăiaseră
fraţii mei, şi-şi cătau de drum, fără a mai asculta la
rugăciunile şi vaietele mele.

Trei zile şi trei nopţi am rămas acolo prinprejurul
eleşteului. Calul meu, biet, când vedea că vine câte un
balaur la mine, mă lua cu dinţii de pe la spate, de haine, şi
fugea încotro vedea cu ochii, şi azvârlea din picioare de
nu se putea apropia de noi nici o fiară sălbatică.

În sfârşit a patra zi am dat peste un orb care orbăcăia şi el
pe dibuite.

- Cine este acolo? întrebai eu.

- Un biet neputincios, răspunse el.

Then, after he had told me that his brothers, out of envy, had put out his eyes, I told him that my brothers had cut off my feet.

"I'll tell you what!' he exclaimed. 'We'll take an oath of brotherhood. I have feet, you have eyes, so I'll carry you on my back. I'll walk for you, and you shall see for me. A huge scorpion lives close by, whose blood cures all kinds of diseases."

I accepted his offer, and we went to the scorpion's house. He was not at home, so the blind man put me behind the door, telling me to kill him with my sword as soon as he came in; then he hid himself behind the stove. We did not wait long before the scorpion entered in a great rage, for he had noticed that somebody had broken into his house. When I saw him my heart shrunk till it was no bigger than a flea, but as he came in I waited till he was close by me, then struck one blow that chopped all three of his heads off at once.

I instantly smeared myself with the hot blood and as soon as it touched my feet they stuck as fast as if they had never been cut off. I also smeared the blind man's eyes, and his sight returned. After thanking God, each set out on his own way.

I did not want to go home at once, but thought it best to hire out as a shepherd and leave God to arrange things so that the criminals' guilt should appear. I was not disappointed in my confidence, for you see His power is great and His judgment just.

Şi după ce îmi spuse cum frații i-a scos ochii, din pizmă, i-am povestit şi eu cum mi-a tăiat frații picioarele. Atunci el îmi zise:

- Ştii ce? Aide să ne prindem frați de cruce. Eu am picioare, tu ai ochi; să te port în spinare. Eu să umblu pentru tine; tu să vezi pentru mine. Eu ştiu că p-aci prin vecinătate este o scorpie mare. Cu sângele ei se poate vindeca orice boală ar fi.

M-am învoit cu dânsul la aceasta şi am mers până am dat de locuința scorpiei. Ea nu era acasă. Orbul mă aşeză după uşă şi îmi zise ca să dau cu sabia să o tai, cum va intra; iară el se ascunse după sobă. Nu aşteptarăm mult şi iată scorpia venea supărată, fiindcă simțise că-i călcase cineva casa. Cum o văzui, inima se făcuse cât un purice în mine, iară când intră pe uşă, aşteptai până să-mi vie bine, şi unde dedei o dată cu sete, încât dintr-o lovitură îi tăiai câtetrele capetele.

Mă unsei numaidecât cu sângele ei cald, şi cum atinsei picioarele la loc, se lipiră de parcă fusese acolo de când lumea. Unsei şi pe orb, şi îi veni vederile ca mai-nainte. După ce mulțumirăm lui Dumnezeu, plecarăm fiecare la ale noastre.

N-am voit să viu d-a dreptul acasă, ci am socotit mai bine să mă bag cioban şi să las ca Dumnezeu să aducă lucrurile aşa încât să se dovedească vinovatul. Nu m-am înşelat în credința mea, că iată puterea lui mare este şi judecata lui dreaptă.

"Now tell me how you became a servant and poultry-maid," said the emperor to the maiden.

"After your imperial majesty's oldest sons had cut off their youngest brother's feet, one of them took me, the other the wonderful bird. I thought my heart would dissolve with grief because I was obliged to part from your majesty's youngest son, whom I loved because he was such a noble man. They proposed that I should love one of them, and promised that he would marry me as soon as we reached the emperor's court. After refusing all their offers, I preferred to take service as your majesty's poultry maid, rather than go any where else, for I knew God would not let a man who did right perish, and now I thank Him for having shown me that a good deed is never lost."

"Can you prove," asked the emperor, "that you are the girl and no one else?"

"This apple will show every one that I am she," replied the girl, drawing it from her bosom. "Your older sons knew nothing about it, or they would have taken it from me."

With these words she went out of doors, cracked a little whip three times over the apple and a magnificent palace, more splendid than any in the kingdom, and instantly arose.

The emperor himself was astonished. He wished to celebrate his youngest son's return, but the latter said:

- Spune şi tu, zise împăratul găinăresei, cum de ai ajuns găinăreasă şi roabă?

- După ce a tăiat picioarele fratelui celui mic, fiii cei mari ai împărăţiei tale mă luară unul pe mine şi altul pasărea măiastră. Eu plângeam de mă topeam, că mă despărţea de fiul cel mic al măriei tale, pe care îmi era drag să-l privesc, fiindcă-l văzusem că e un pui de românaş. Ei mă siliră să mă iubesc cu unul din ei, îmi făgădui că mă va lua de soţie cum voi ajunge la curtea împărătească. După ce m-am împotrivit la toate siluirile ce amândoi voiau să-mi facă, am primit mai bine să fiu roabă şi găinăreasă la curtea împărăţiei tale, decât să mă duc aiurea, fiindcă ştiam că Dumnezeu nu va lăsa să se prăpădească acela care a umblat cu dreptatea în sân, şi acum, mulţumesc lui Dumnezeu că mi-a arătat cum fapta bună nu moare niciodată.

- Poţi tu să-mi dovedeşti, întrebă împăratul, că tu eşti acea fată şi nu alta?

- Acest măr, zise ea, pe care îl scoase din sân, poate să încredinţeze pe orişicine că eu sunt. Fiii d-tale cei mai mari n-au ştiut de dânsul, că mi l-ar fi luat, şi nu m-aş mai fi întâlnit cu dânsul.

Atunci, ieşind afară, plesni dintr-o biciuşcă de trei ori asupra mărului şi unde se ridică nişte palaturi, încât în toată împărăţia nu se găsea altele ca acelea.

Împăratul rămase şi el în mirare. Şi voind a sărbători venirea fiului celui mic, acesta zise:

"Father, before we thank God that I have come home alive, let us three brothers submit to His judgment."

The emperor could make no objection. The brothers were led before him and he ordered the older ones to kneel and ask the youngest son's forgiveness.

But he replied:

"If God forgives you, I will also."

As they could not avoid it, they went in front of the church, and set out three bee-hives at equal distances apart. Each brother stood with his feet in one, and hurled a stone into the air from a sling. The elder brothers' stones in falling back struck them so hard on the head that they were killed, but the youngest brother's fell in front of him.

Many had assembled to witness this trial. After the wedding was over and the emperor had married his son to the poultry-maid, he came down from the throne and gave it to the prince, who, if alive, reigns there still.

I was present at these events,
and now tell them to those who listen.

- Tată, înainte de a mulțumi lui Dumnezeu că m-am întors sănătos, să mergem câteșitrei frații înaintea lui la judecată.

Împăratul n-avu ce zice. Se aduseră frații înaintea împăratului, carii deteră în genunchi și cerură iertare de la fratele cel mai mic.

El le zise:

- Daca Dumnezeu vă va ierta, iertați să fiți și de la mine.

Neavând încotro, se duseră înaintea bisericii și puseră trei uleie depărtate deopotrivă unul de altul. Intrară fiecare cu picioarele în câte unul, și aruncară cu praștia în sus câte o piatră; pietrele fraților celor mari se întoarseră și loviră pe fiecare în cap cu așa tărie, încât rămaseră morți. Piatra însă a fiului celui mic de împărat căzu dinaintea lui.

Lumea se adunse de se uita la astă judecată dumnezeiască, iar împăratul, după ce făcu nuntă și-și însoți copilul cu găinăreasa, se coborî de pe tron și puse pe fiul său în locu-i, care, daca o fi trăind, împărățește și până azi.

Eram și eu față la acele întâmplări,
pe care le povestesc acum celor ce mă ascultă.

Youth without Age and Life without Death

Once upon a time something happened whose like never occurred before—if it had not happened it would not be told—since the flea had one foot shod with ninety-nine pounds of iron and jumped into the skies to get us fairy tales.

There was once a mighty emperor and empress. Both were young and handsome, and as they desired the blessing of children they did every thing that was necessary to secure it, that is they went to the witches and philosophers and asked them to read the stars to find out whether they would have children or not. But it was all in vain. Finally the emperor heard that a very wise old man lived in a neighboring village, and sent for him. The messengers returned with the answer: "Let him who needs me come to me." So the emperor and empress set out for the wise man's house, taking with them several of their courtiers, attendants, and soldiers.

Tinerețe fără bătrânețe și viață fără de moarte

A fost odată ca niciodată; că de n-ar fi, nu s-ar povesti; de când făcea plopșorul pere și răchita micșunele; de când se băteau urșii în coade; de când se luau de gât lupii cu mieii de se sărutau, înfrățindu-se; de când se potcovea puricele la un picior cu nouăzeci și nouă de oca de fier și s-arunca în slava cerului de ne aducea povești.

A fost odată un împărat mare și o împărăteasă, amândoi tineri și frumoși, și voind să aibă copii, a făcut de mai multe ori tot ce trebuia să facă pentru aceasta; a îmblat pe la vraci și filosofi, ca să caute la stele și să le ghicească dacă or să facă copii; dar în zadar. În sfârșit, auzind împăratul că este la un sat, aproape, un unchiaș dibaci, a trimis să-l cheme; dar el răspunse trimișilor că: cine are trebuință, să vie la dânsul. S-au sculat deci împăratul și împărăteasa și, luînd cu dânșii vro cîțiva boieri mari, ostași și slujitori, s-au dus la unchiaș acasă.

When the old man saw them in the distance, he rose, went to meet them, and said at once:

"Welcome! But what do you want to know, oh, emperor! your wish will bring you sorrow."

"I am not here to question you about that," replied the emperor, "but to learn whether you have any plants you can give us that will bestow the blessing of children."

"I have," the old man answered, "but you will possess only one child. He will be a handsome, lovable boy, yet you will not be able to keep him long."

After the emperor and empress had obtained the herbs they joyfully returned to the palace. The whole empire, the courtiers, and all the attendants rejoiced too. But when the hour of its birth came, the child began to scream in a way no magic arts could silence. The emperor commenced to promise it all the good things the world contained, but it was impossible to quiet it.

"Hush, father's pet," said the emperor, "I will give you this or that kingdom; hush, my son, I will give you this or that princess for your wife." At last, when he saw the child would not stop, he added: "Hush, my boy, I will give you youth without age and life without death."

Then the prince stopped crying; the courtiers beat drums and blew trumpets, and there were great rejoicings throughout the empire for a whole week.

The older the boy grew the more thoughtful and reflective he became.

Unchiașul, cum i-a văzut de departe, a ieșit să-i întâmpine și totodată le-a zis:

- Bine ați venit sănătoși; dar ce îmbli, împărate, să afli? Dorința ce ai o să-ți aducă întristare.

- Eu nu am venit să te întreb asta - zise împăratul - ci, dacă ai ceva leacuri care să ne facă să avem copii, să-mi dai.

- Am, răspunse unchiașul; dar numai un copil o să faceți. El o să fie Făt-frumos și drăgăstos, și parte n-o să aveți de el.

Luând împăratul și împărăteasa leacurile, s-au întors veseli la palat și peste câteva zile împărăteasa s-a simțit însărcinată. Toată împărăția și toată curtea și toți slujitorii s-au veselit de această întâmplare. Mai-nainte însă de a veni ceasul nașterii, copilul se puse pe un plâns, de n-a putut nici un vraci să-l împace. Atunci împăratul a început să-i făgăduiască toate bunurile din lume, dar nici așa n-a fost cu putință să-l facă să tacă.

- Taci, dragul tatei - zicea împăratul - că ți-oi da împărăția catare sau cutare; taci, fiule, că ți-oi da de soție pe cutare sau cutare fată de împărat, și alte multe d-alde astea; în sfârșit, dacă văzu și văzu că nu tace, îi mai zise: taci, fătul meu, că ți-oi da tinerețe fără bătrânețe și viață fără de moarte.

Atunci copilul tăcu și se născu; iar slujitorii deteră în timpine și în surle și în toată împărăția se ținu veselie mare o săptămână întreagă.

De ce creștea copilul, d-aceea se făcea mai isteț și mai îndrăzneț.

He went to the schools and the philosophers and gained every kind of learning, so that the emperor died of joy and came to life again. The whole realm was proud of having a prince so wise and learned, a second King Solomon. But one day, when the lad had just reached his fifteenth year and the emperor sat at a banquet with the nobles and grandees of the country, the handsome prince rose, saying:

"Father, the time has come; you must now give me what you promised at my birth!"

When the emperor heard this he grew very sorrowful and answered:

"Why, my son, how can I give you an impossible thing? If I promised it to you then, it was only to hush you."

"If you can't give it to me, father, I shall be obliged to wander through the whole world till I find what was promised to me, and for which I was born."

Then all the nobles and the emperor fell at his feet and besought him not to quit the country, because, as the courtiers said, his father was growing old, and they would place him on the throne and give him the most beautiful princess under the sun for his wife.

But it was impossible to shake his resolution, he remained as firm as a rock. After his father had seen and duly considered all these things, he gave his consent and prepared to supply the prince with provisions and whatever else he might need for his journey.

Îl deteră pe la școli și filosofi, și toate învățăturile pe care alți copii le învățau într-un an, el le învăța într-o lună, astfel încât împăratul murea și învia de bucurie. Toată împărăția se fălea că o să aibă un împărat înțelept și procopsit ca Solomon împărat. De la o vreme încoace însă, nu știu ce avea, că era tot galeș, trist și dus pe gînduri. Iar când fuse într-o zi, tocmai când copilul împlinea cincisprezece ani și împăratul se afla la masă cu toți boierii și slujbașii împărăției și se chefuiau, se sculă Făt-frumos, și zise:

- Tată, a venit vremea să-mi dai ceea ce mi-ai făgăduit la naștere.

Auzind aceasta, împăratul s-a întristat foarte și i-a zis:

- Dar bine, fiule, de unde pot eu să-ți dau un astfel de lucru nemaiauzit? Și dacă ți-am făgăduit atunci, a fost numai ca să te împac.

- Dacă tu, tată, nu poți să-mi dai, apoi sunt nevoit să cutreier toată lumea până voi găsi făgăduința pentru care m-am născut.

Atunci toți boierii și împăratul deteră în genunchi, cu rugăciune să nu părăsească împărăția; fiindcă, ziceau boierii:

- Tatăl tău de aci înainte e bătrân, și o să te ridicăm pe tine în scaun, și avem să-ți aducem cea mai frumoasă împărăteasă de sub soare de soție.

Dar n-a fost cu putință să-l întoarcă din hotărîrea sa, rămânând statornic ca o piatră în vorbele lui; iar tată-său, dacă văzu și văzu, îi dete voie și puse la cale să-i gătească de drum merinde și tot ce-i trebuie.

The young hero went to the imperial stables, where the finest steeds in the whole realm were standing, to choose one of them; but when he laid his hand on the horse's tail he knocked it down, and so they all fell, one after another. At last, just as he was going out, he let his eyes wander around the building once more and saw in one corner a sick, weak horse, covered with sores. He went up to it, and when he grasped it by the tail, the animal turned its head, saying:

"What do you command, my master? I thank God that He has permitted a hero's hand to touch me once more."

And, planting its feet firmly, it remained standing. The young prince told it what he intended to do, and the horse replied:

"To obtain your wish, you must ask your father for the sword, lance, bow, quiver of arrows, and garments he wore when a youth; but you must take care of me with your own hands for six weeks and give me oats boiled in milk."

When the prince begged the emperor for the articles the horse had advised, the monarch called the major-domo of the palace and ordered him to open all the chests of clothing that his son might choose what he pleased. The young hero, after rummaging them three whole days, at last found in the very bottom of an old trunk the weapons and garments his father had worn in his youth, but the arms were covered with rust. He set to work to clean them with his own hands and in six weeks, during the time he was taking care of the horse.

Apoi, Făt-frumos se duse în grajdurile împărăției unde erau cei mai frumoși armăsari din toată împărăția, ca să-și aleagă unul; dar, cum punea mâna și apuca pe cîte unul de coadă, îi trântea, și astfel toți caii căzură. În sfârșit, tocmai când era să iasă, își mai aruncă ochii o dată prin grajd și, zărind într-un colț un cal răpciugos și bubos și slab, se duse și la dânsul; iar când puse mâna pe coada lui, el își întoarse capul și zise:

- Ce poruncești, stăpâne? Mulțumesc lui Dumnezeu că mi-a ajutat să ajung ca să mai puie mâna pe mine un voinic.

Și înțepenindu-și picioarele, rămase drept ca lumânarea. Atunci Făt-frumos îi spuse ce avea de gînd să facă și calul îi, zise:

- Ca să ajungi la dorința ta, trebuie să ceri de la tată-tău paloșul, sulița, arcul, tolba cu săgețile și hainele ce le purta el când era flăcău; iar pe mine să mă îngrijești cu însuți mâna ta șase săptămâni și orzul să mi-l dai fiert în lapte.

Cerând împăratului lucrurile ce-l povățuise calul, el a chemat pe vătaful curții și i-a dat poruncă ca să-i deschidă toate tronurile cu haine spre a-și alege fiul său pe acela care îi va plăcea. Făt-frumos, după ce răscoli trei zile și trei nopți, găsi în sfârșit, în fundul unui tron vechi, armele și hainele tătâne-său de când era flăcău, dar toate ruginite. Se apucă însuși cu mâna lui să le curețe de rugină și, după șase săptămâni, izbuti a face să lucească armele ca oglinda. Totodată îngriji și de cal precum îi zise el.

He succeeded in making the weapons as bright and shining as a mirror. When the horse heard from the handsome prince that the clothes and arms were cleaned and ready, it shook itself once. All the sores instantly fell off and there it stood, a strong, beautiful animal, with four wings. When the hero saw this, he said:

"We'll go in three days!"

"May you have a long life, master. From today I shall be at your service," the horse answered.

On the morning of the third day there was great mourning throughout the whole court and empire. The handsome prince, clad like a hero, holding his sword in his hand and riding the horse he had chosen, took leave of the emperor, the empress, the great nobles and lesser grandees, the army, and all the attendants, who, with tears in their eyes, implored him to give up the journey and not risk his life; but setting spurs to his steed, he dashed through the gate like the wind, followed by the carts loaded with provisions and money, and the two hundred horsemen the emperor had commanded to accompany him.

After reaching the boundaries of his father's country and arriving at the wilderness, the prince distributed all his property among the escort, bade them farewell, and sent them back, keeping for himself only as much food as the horse could carry. Then he turned toward the east and rode for three days and three nights, till he came to a wide plain where lay a great many human bones.

Destulă muncă avu; dar fie, că izbuti. Când auzi calul de la Făt-frumus că hainele și armele sunt bine curățate și pregătite, odată se scutură și el, și toate bubele și răpciunea căzură de pe dânsul și rămase întocmai cum îl fătase mă-sa, un cal gras, trupeș și cu patru aripi; văzându-l Făt-frumos astfel, îi zise:

- De azi în trei zile plecăm.

- Să trăiești, stăpâne; sunt gata chiar azi, de poruncești, îi răspunse calul.

A treia zi de dimineață, toată curtea și toată împărăția era plină de jale. Făt-frumos, îmbrăcat ca un viteaz, cu paloșul în mână, călare pe calul ce-și alesese, își luă ziua bună de la împărat, de la împărăteasă, de la toți boierii cei mari și cei mici, de la ostași și de la toți slujitorii curții, carii, cu lacrămile în ochi, îl rugau să se lase de a face călătoria aceasta, ca nu care cumva să meargă la pieirea capului său; dar el, dând pinteni calului, ieși pe poartă ca vîntul, și după dânsul carăle cu merinde, cu bani și vreo două sute de ostași, pe care-i orânduise împăratul ca să-l însoțească.

După ce trecu afară de împărăția tatălui său și ajunse în pustietate, Făt-frumos își împărți toată avuția pe la ostași și, luându-și ziua bună, îi trimise înapoi, oprindu-și pentru dânsul merinde numai cât a putut duce calul. Și apucând calea către răsărit, s-a dus, s-a dus, s-a dus, trei zile și trei nopți, până ce ajunse la o câmpie întinsă, unde era o mulțime de oase de oameni.

When he stopped here to rest, the horse said: "You must know, master, that we are on the land of a Woodpecker Fairy who is so wicked that nobody can enter her domain without being murdered. She was once a woman, but the curse of her parents, whom she angered by her disobedience, turned her into a woodpecker. She is with her children now, but you will meet her tomorrow in yonder forest; she will come to kill you. She is terribly big, but don't be frightened; hold the bow ready to pierce her with an arrow, and keep your sword and lance in hand, so that you can use them in case of need."

Then they went to rest, taking turns in watching.

At dawn the next morning they prepared to pass through the forest; the prince saddled and bridled the horse, drew the girths tighter than usual, and mounted. Suddenly he heard a tremendous crashing. "Make ready, master," said the horse, "the Woodpecker Fairy is coming." As she approached, she moved so fast that she tore the trees down; but the horse leaped upward like the wind, so that it was almost over her, and the prince shot off one of her feet with an arrow. Just as he was about to discharge the second arrow, she cried:

"Stop, my young hero, I'll do you no harm." And seeing that he did not believe her, she gave him the promise written with her own blood.

"Your horse can not be killed, my young hero," she added, "it is enchanted; if it hadn't been for that, I would have roasted and eaten you. Know that until today no mortal man has ventured to cross my boundaries as far as this.

Stând să se odihnească, îi zise calul :

- Să știi, stăpâne, că aici suntem pe moșia unei gheonoaie, care e atît de rea, încât nimeni nu calcă pe moșia ei, fără să fie omorât. A fost și ea femeie ca toate femeile, dar blestemul părinților pe care nu-i asculta, ci îi tot necăjea, a făcut-o să fie gheonoaie; în clipa aceasta este cu copiii ei, dar mâine, în pădurea ce o vezi, o s-o întâlnim venind să te prăpădească; e grozavă de mare: dară să nu te sperii, ci să fii gata cu arcul ca să o săgetezi, iar paloșul și sulița să le ții la îndemână, ca să te slujești cu dânsele când va fi de trebuință.

Se deteră spre odihnă; dar pândea când unul, când altul.

A doua zi, când se revărsă zorile, ei se pregăteau să treacă pădurea. Făt-frumos înșelă și înfrână calul, și chinga o strânse mai mult decât altă dată, și porni; când, auzi o ciocănitură groaznică. Atunci calul îi zise:

- Ține-te, stăpâne, gata, că iată se apropie Gheonoaia.

Și cum venea ea, nene, dobora copacii; așa de iute mergea; iar calul se urcă ca vîntul până cam deasupra ei și Făt-frumos îi luă un picior cu săgeata și, când era gata a o lovi cu a doua săgeată, strigă ea:

- Stăi, Făt-frumos, că nu-ți fac nimic!

Și văzînd că nu o crede, îi dete înscris cu sângele său.

- Să-ți trăiască calul, Făt-frumos - îi mai zise ea - ca un năzdrăvan ce este, căci de nu era el, te mâncam fript; acum însă m-ai mâncat tu pe mine; să știi că până azi nici un muritor n-a cutezat să calce hotarele mele până aicea.

A few bold wights, who dared to make the trial, reached the plain where you saw so many bones."

They now went to the fairy's house, where she entertained them as guests. But while sitting at the table enjoying the banquet, the Woodpecker Fairy moaned with pain, so the prince pulled the foot he had shot off out of the traveling bag where he had put it, fastened it on, and it instantly healed. The hostess, in her joy, kept open house for three days, and begged the emperor's son to choose one of her daughters, all three of whom were beautiful as fairies, for his wife. He would not do that, but told her what he was seeking, and she replied:

"With your horse and your heroic courage, I believe you will succeed."

After three days had passed, the prince prepared to continue his journey and departed. He rode on, and on, and on; the road seemed to grow longer and longer, but when he had finally crossed the frontiers of the Woodpecker Fairy's kingdom, he entered a beautiful meadow, one side of which was covered with blooming plants, but the other was scorched. The prince asked why the grass was singed, and the horse answered:

"We are now in the domain of the Scorpion Witch; she is the Woodpecker Fairy's sister, but they are both so wicked that they can't live together. Their parents' curse has fallen upon them, and so, as you see, they have become monsters; their enmity goes beyond all boundaries; they are always trying to get possession of each other's lands.

Câțiva nebuni carii s-au încumetat a o face d-abia au ajuns până în câmpia unde ai văzut oasele cele multe.

Se duseră acasă la dânsa, unde Gheonoaia ospătă pe Făt-frumos, și-l omeni ca p-un călător. Dar pe când se aflau la masă și se chefuiau, iară Gheonoaia gemea de durere, deodată el îi scoase piciorul pe care îl păstra în traistă, i-l puse la loc și îndată se vindecă. Gheonoaia, de bucurie, ținu masă trei zile d-a rândul și rugă pe Făt-frumos să-și aleagă de soție pe una din cele trei fete ce avea, frumoase ca niște zâne; el însă nu voi, ci îi spuse curat ce căuta; atunci ea îi zise:

- Cu calul pe care îl ai și cu vitejia ta, crez că ai să izbutești.

După trei zile, se pregătiră de drum și porniră. Merse Făt-frumos, merse și iar merse, cale lungă și mai lungă; dară când fu de trecu peste hotarele Gheonoaiei, dete de o câmpie frumoasă, pe de o parte cu iarba înflorită, iară pe de altă parte pârlită. Atunci el întrebă pe cal:

- De ce este iarba pârlită? Și calul îi răspunse:

- Aici suntem pe moșia unei scorpii, soră cu Gheonoaia; de rele ce sunt, nu pot să trăiască la un loc; blestemul părinților le-a ajuns, și d-aia s-au făcut lighioi, așa precum le vezi; vrăjmășia lor e groaznică, nevoie de cap, vor să-și răpească una de la alta pământ.

When this one is very angry she spits fire and pitch; she must have had some quarrel with her sister, and, to drive her out of her kingdom, has burned the grass on which she was standing. She is even worse than her sister, and has three heads. We will rest awhile now, and be ready at the first peep of dawn tomorrow."

The next day they prepared themselves just as they did when they expected to meet the Woodpecker fairy, and set out. Soon they heard a howling and rustling unlike any thing ever known before.

"Make ready, master, the Scorpion Witch is coming."

The Scorpion Witch, with one jaw in the sky and the other on the earth, approached like the wind, spitting fire as she came, but the horse darted upward as swiftly as an arrow, and then rushed over her a little on one side. The hero shot an arrow and one of her heads fell, but when he was going to strike off another, the Scorpion Witch entreated him to forgive her, she would do him no harm, and to convince him of this she gave him her promise, written in her own blood. Like the Woodpecker Fairy, she entertained the prince, who returned her head, which grew on again, and at the end of three days he resumed his travels.

When the hero and his horse had reached the boundaries of the Scorpion Witch's kingdom they hurried on without resting till they came to a field covered with flowers, where reigned perpetual spring.

Când Scorpia este necăjită rău, varsă foc și smoală; se
vede că a avut vro ceartă cu soră-sa și, viind s-o gonească
de pe tărâmul ei, a pârlit iarba pe unde a trecut; ea este
mai rea decât soră-sa și are trei capete. Să ne odihnim
puțin, stăpâne, și mâine dis-de-dimineață să fim gata.

A doua zi se pregătiră, ca și când ajunsese la Gheonoaie,
și porniră. Când, auziră un urlet și o vâjâietură, cum nu
mai auziseră ei până atunci!

- Fii gata, stăpâne, că iată se apropie zgripsoroaica de
Scorpie.

Scorpia, cu o falcă în cer și cu alta în pământ și vărsând
flăcări, se apropia ca vântul de iute; iară calul se urcă
repede ca săgeata până cam dasupra și se lăsă asupra ei
cam pe deoparte.

Făt-frumos o săgetă și îi zbură un cap; când era să-i mai ia
un cap, Scorpia se rugă cu lacrămi ca să o ierte, că nu-i
face nimic și, ca să-l încredințeze, îi dete înscris cu sângele
ei. Scorpia ospătă pe Făt-Frumos și mai și decât
Gheonoaia; iară el îi dete și dânsei înapoi capul ce i-l luase
cu săgeata, carele se lipi îndată cum îl puse la loc, și după
trei zile plecară mai departe.

Trecând și peste hotarele Scorpiei, se duseră, se duseră și
iară se mai duseră, până ce ajunseră la un cîmp numai de
flori și unde era numai primăvară.

Every blossom was remarkably beautiful and filled with a sweet, intoxicating fragrance; a gentle breeze fanned them all. They remained here to rest, but the horse said:

"We have arrived so far successfully, master, but we still have one great peril to undergo and, if the Lord helps us to conquer it, we shall really be valiant heroes. A short distance further on is the palace where dwell Youth without Age and Life without Death. It is surrounded by a high, dense forest, where roam all the wild animals in the world, watching it day and night. They are very numerous, and it is almost beyond the bounds of possibility to get through the wood by fighting them; we must try, if we can, to jump over them."

After resting about two days they prepared to continue their journey, and the horse, holding its breath, said:

"Buckle my girth as tight as you can, and when you have mounted hold fast to my mane and press your feet close to my neck, that you may not hinder me." The prince mounted, and in a moment they were close to the forest.

"Master," said the horse, "this is the time that the wild beasts are fed; they are all collected together, now we'll jump over."

"Forward," replied the handsome prince, "and may the Lord have mercy on us."

They flew upward and saw the palace, which glittered so that it would have been easier to look at the sun.

Fiecare floare era cu deosebire de mândră și cu un miros dulce, de te îmbăta; trăgea un vântișor care abia adia. Aicea stătură ei să se odihnească, iară calul îi zise:

- Trecurăm cum trecurăm până aci, stăpâne; mai avem un hop: avem să dăm peste o primejdie mare; și, dacă ne-o ajuta Dumnezeu să scăpam și de dânsa, apoi suntem voinici. Mainainte de aci este palatul unde locuiește Tinerețe fără bătrânețe și viață fără de moarte. Această casă este încongiurată cu o pădure deasă și înaltă, unde stau toate fiarele cele mai sălbatice din lume; ziua și noaptea păzesc cu neadormire și sunt multe foarte; cu dânsele nu este chip de a te bate, și ca să trecem prin pădure e peste poate; noi însă să ne silim, dac-om putea, să sărim pe dasupra.

După ce se odihnirâ vreo două zile, se pregătirâ iarăși; atunci calul, ținîndu-și răsuflarea, zise:

- Stăpâne, strânge chinga cât poți de mult, și, încălecând, să te ții bine și în scări, și de coama mea; picioarele să le ții lipite pe lângă supțioara mea, ca să nu mă zăticnești în zborul meu. Se urcă, făcu probă, și într-un minut fu aproape de pădure.

- Stăpâne - mai zise calul - acum e timpul când se dă de mîncare fiarălor pădurei și sunt adunate toate în curte; să trecem.

- Să trecem, răspunse Făt-frumos, și Dumnezeu să se îndure de noi.

Se urcară în sus și văzură palatul strălucind astfel, de la soare te puteai uita, dar la dânsul ba.

They passed over the forest, and, just as they were descending at the palace steps, one of the horse's hoofs lightly touched the top of a tree, which put the whole woods in motion.

The wild animals began to howl till it was enough to make one's hair bristle. They hastily alighted, and if the mistress of the palace had not been outside feeding her chickens (for that is what she called the wild beasts), they would certainly have been killed. She spared their lives out of pure pleasure, for she had never before seen a human being. Restraining the savage beasts, she soothed them, and sent them back to their haunts. She was a tall, slender, lovely fairy, quite too beautiful. When the young hero saw her, he stood still as though turned to stone. But as she gazed at him she pitied him and said:

"Welcome, my handsome prince. What do you seek here?"

"We seek Youth without Age and Life without Death."

"If you seek what you said you seek, then here it is."

Then he dismounted from his horse and entered the palace, where he found two other ladies, both of the same age, the elder sisters of the first one. He began to thank the fairy for having delivered him from danger, but she and her sisters, to show their joy, had a handsome banquet served in golden dishes. They gave the horse liberty to graze wherever it chose, and afterward made it acquainted with all the wild beasts, so that it might rove about the forest in peace. The ladies entreated the prince to stay with them, saying that it was so tiresome to be alone.

Trecură pe dasupra pădurii şi, tocmai când erau să se lase
în jos la scara palatului, d-abia, d-abia atinse cu piciorul
vârful unui copaci şi dodată toată pădurea se puse în
mişcare; urlau dobitoacele, de ţi se făcea părul măciucă pe
cap.

Se grăbiră de se lăsară în jos; şi de nu era doamna
palatului afară, dând de mîncare puilor ei (căci aşa numea
ea lighionile din pădure), îi prăpădea negreşit.

Mai mult de bucurie că au venit, îi scăpă ea; căci nu mai
văzuse până atunci suflet de om pe la dânsa. Opri pe
dobitoace, le îmblânzi şi le trimise la locul lor. Stăpâna era
o zână înaltă, supţirică şi drăgălaşă şi frumoasă, nevoie
mare! Cum o văzu Făt-frumos, rămase încremenit. Dară
ea, uitându-se cu milă la dânsul, îi zise:

- Bine ai venit, Făt-frumos! Ce cauţi pe aici?

- Căutăm, zise el, Tinereţe fără bătrâneţe şi viaţă fără de
moarte.

- Dacă căutaţi ceea ce ziseşi, aci este.

Atunci descălică şi intră în palat. Acolo găsi încă două
femei, una ca alta de tinere; erau surorile cele mai mari. El
începu să mulţumească zânei pentru că l-a scăpat din
primejdie; iară ele; de bucurie, gătiră o cină plăcută şi
numai în vase de aur. Calului îi dete drumul să pască pe
unde va voi dânsul; pe urmă îi făcură cunoscuţi tuturor
lighioanelor, de puteau îmbla în tihnă prin pădure.

Femeile îl rugară să locuiască de aci înainte cu dânsele,
căci ziceau că li se urâse, şezînd tot singurele.

He did not wait to be asked a second time, but accepted the offer with the satisfaction of a man who has found precisely what he sought. By degrees they became accustomed to live together; the prince told them his story and related what he had suffered before meeting them, and after some time he married the youngest sister.

At their wedding permission was granted to him to go wherever he liked in the neighborhood; they only begged him not to enter one valley, which they pointed out, otherwise some misfortune would befall him; it was called, they said, the Valley of Lamentation.

The prince spent a very long time at the palace without being aware of it, for he always remained just as young as he was when he arrived. He wandered about the woods without ever having a headache. He amused himself in the golden palace, lived in peace and quiet with his wife and her sisters, enjoyed the beauty of the flowers, and the sweet, pure air. He often went hunting; but one day, while pursuing a hare, he shot two arrows at it without hitting the animal. Angrily chasing it he discharged a third arrow, which struck it, but in his haste the luckless man had not noticed that he had passed through the Valley of Lamentation while following the game.

He picked it up and turned toward home, but was suddenly seized with a longing for his father and mother. He did not venture to speak of this wish to his wife, yet by his grief and restlessness both she and her sisters instantly perceived his condition.

Iară el nu aşteptă să-i mai zică o dată, ci primi cu toată mulțumirea, ca unul ce aceea şi căuta.

Încet, încet, se deprinseră unii cu alții, îşi spuse istoria şi ce păți până să ajungă la dânsele, şi nu după multă vreme se şi însoți cu fata cea mai mică.

La însoțirea lor, stăpânele casei îi deteră voie să meargă prin toate locurile de primprejur, pe unde va voi; numai pe o vale, pe care i-o şi arătară, îi ziseră să nu meargă, căci nu va fi bine de el; şi-i şi spuseră că acea vale se numea Valea Plângerii.

Petrecu acolo vreme uitată, fără a prinde de veste, fiindcă rămăsese tot aşa de tânăr, ca şi când venise. Trecea prin pădure, fără să-l doară măcar capul. Se desfăta în palaturile cele aurite, trăia în pace şi în linişte cu soția şi cumnatele sale, se bucura de frumusețea florilor şi de dulceața şi curățenia aerului, ca un fericit.

Ieşea adesea la vânătoare; dar, într-o zi se luă după un iepure, dete o săgeată, dete două şi nu-l nimeri; supărat, alergă după el şi cu a treia săgeată, cu care îl şi nimeri; dară nefericitul, în învălmăşeală, nu băgase de seamă că, alergând după iepure, trecuse în Valea Plângerii.

Luând iepurele, se întorcea acasă; când, ce să vezi dumneata? deodată îl apucă un dor de tată-său şi de mumă-sa. Nu cuteză să spuie femeilor măiestre; dară ele îl cunoscură după întristarea şi neodihna ce vedea într-însul.

"Oh! luckless prince, you have passed through the Valley of Lamentation," they said in terror.

"I did so, my dear ones, without meaning to be so careless, but now the longing to see my parents is killing me! Yet I can not forsake you. I have already spent several days with you and have no cause to complain. So I'll go and see my parents once more, and then come back to you, never to leave you again."

"Do not leave us, beloved prince! Your parents died two or three hundred years ago, and if you go, we fear you will never return; stay with us, for a presentiment of evil tells us that you will perish!"

All the entreaties of the three ladies, as well as those of the horse, were unable to quiet the young hero's longing for his parents, which was fairly consuming him alive.

At last the horse said: "If you don't listen to me, master, whatever happens to you will be your own fault. I'll tell you something, and if you accept my condition, I'll take you back."

"I'll accept it with many thanks," replied the prince; "let me hear it."

"As soon as you reach your father's palace you will dismount, but I am to return alone in case you stay even an hour."

"Be it so," the prince agreed.

- Ai trecut, nefericitule, în Valea Plângerii? îi ziseră ele, cu totul speriate.

- Am trecut, dragele mele, fără ca să fi voit să fac astă neghiobie; și acum mă topesc d-a-n picioarele de dorul părinților mei, însă și de voi nu mă îndur ca să vă părăsesc. Sunt de mai multe zile cu voi și n-am să mă plâng de nici o mâhnire. Mă voi duce dară să-mi mai văz o dată părinții și apoi m-oi întoarce, ca să nu mă mai duc niciodată.

- Nu ne părăsi, iubitule; părinții tăi nu mai trăiesc de sute de ani, și chiar tu, ducându-te, ne temem că nu te vei mai întoarce; rămîi cu noi: căci ne zice gândul că vei pieri.

Toate rugăciunile celor trei femei, precum și ale calului, n-a fost în stare să-i potolească dorul părinților, care-l usca pe d-a-ntregul. În cele mai de pe urmă, calul îi zise:

- Dacă nu vrei să mă asculți, stăpâne, orice ți se va întâmpla, să știi că numai tu ești de vină. Am să-ți spui o vorbă și, dacă vei primi tocmeala mea, te duc înapoi.

- Primesc - zise el cu toată mulțumirea - spune-o!

- Cum vom ajunge la palatul tatălui tău, să te las jos și eu să mă întorc, de vei voi să rămâi măcar un ceas.

- Așa să fie, zise el.

They made their preparations for the journey, the prince embraced the ladies and after having hug them farewell he rode away, but they sobbed and wept bitterly when he left them.

They reached the country which had once been the kingdom of the Scorpion Witch, but found cities there; the woods had become fields; the prince questioned one person and another about the Scorpion Witch and her house, but they answered that their grandfathers had heard from their great, great grandfathers that such silly tales had once been told.

"How is that possible!" replied the prince, "I came through this region myself only a short time ago," and he told them all he knew.

The people laughed at him as if he were a lunatic or a person talking in his sleep, and the prince angrily rode on without noticing that his hair and beard were growing white. When he reached the realm of the Woodpecker Fairy, the same questions and answers were exchanged. The prince could not understand how these places had altered so much in a few days, and again rode angrily on. He now had a white beard that reached to his waist, and he felt as if his feet were beginning to tremble.

Quitting this country he arrived in his father's empire. Here he found new people, new towns, and every thing so much changed that he could not recognize it. At last he came to the palace where he was born. When he dismounted, the horse kissed his hand, and said:

Se pregătiră de plecare, se îmbrățișară cu femeile și, după ce-și luară ziua bună unul de la altul, porni, lăsându-le suspinând și cu lacrămile în ochi.

Ajunseră în locurile unde era moșia Scorpiei; acolo găsiră orașe; pădurile se schimbaseră în câmpii; întrebă pre unii și pre alții despre Scorpie și locuința ei; dar îi răspunseră că bunii lor auziseră de la străbunii lor povestindu-se de asemenea fleacuri.

- Cum se poate una ca asta? le zicea Făt-frumos, mai alaltăieri am trecut pe aici; și spunea tot ce știa.

Locuitorii râdeau de dânsul, ca de unul ce aiurează sau visează deștept, iar el, supărat, plecă înainte, fără a băga de seama că barba și părul îi albise.

Ajungând la moșia Gheonoaiei, făcu întrebări ca și la moșia Scorpiei, și primi asemenea răspunsuri.

Nu se putea domiri el: cum de în câteva zile s-au schimbat astfel locurile? Și iarăși supărat, plecă cu barba albă până la brâu, simțind că îi cam tremurau picioarele, și ajunse la împărăția tătâne-său.

Aici alți oameni, alte orașe, și cele vechi erau schimbate de nu le mai cunoștea. În cele mai de pe urmă, ajunse la palaturile în cari se născuse. Cum se dete jos, calul îi sărută mâna și zise:

"I wish you good health, master; I'm going back to the place from which I came. If you want to go too, mount quickly, and we'll be off."

"Farewell, I too hope to return soon."

The horse darted away with the speed of an arrow.

When the prince saw the ruined palace and the weeds growing around it, he sighed deeply and with tears in his eyes tried to remember how magnificent these places had once been. He walked around the building two or three times, tried to recollect how every room, every corner had looked, found the stable where he had discovered the horse, and then went down into the cellar, whose entrance was choked up with fallen rubbish.

He groped hither and thither, holding up his eyelids with his hands, and scarcely able to totter along, while his snowy beard now fell to his knees, but found nothing except a dilapidated old chest, which he opened. It seemed empty, but as he raised the lid a voice from the bottom said: "Welcome, if you had kept me waiting much longer, I too should have gone to decay."

Then his death, which had become completely shriveled in the chest, seized him; but the prince fell lifeless on the ground and instantly crumbled into dust.

Into the saddle then I sprung,
The tale to tell to old and young.

- Rămîi sănătos, stăpâne, ca eu mă întorc de unde am plecat. Dacă poftești să mergi și d-ta, încalecă îndată și aidem!

- Du-te sănătos, că și eu nădăjduiesc să mă întorc peste curând.

Calul plecă ca săgeata de iute.

Văzând palaturile dărămate și cu buruieni crescute pe dânsele, ofta și, cu lacrămi în ochi, căta să-și aducă aminte cît era odată de luminate aste palaturi și cum și-a petrecut copilăria în ele; ocoli de vreo două-trei ori, cercetînd fiecare cămară, fiecare colțuleț ce-i aducea aminte cele trecute; grajdul în care găsise calul; se pogorâ apoi în pivniță, gârliciul căreia se astupase de dărămăturile căzute.

Căutând într-o parte și în alta, cu barba albă până la genunchi ridicându-și pleoapele ochilor cu mâinele și abia umblând, nu găsi decât un tron odorogit; îl deschise, dară în el nimic nu găsi; ridică capacul chichiței, și un glas slăbănogit îi zise:

- Bine ai venit, că de mai întârziai, și eu mă prăpădeam.

O palmă îi trase Moartea lui, care se uscase de se făcuse cârlig în chichiță, și căzu mort, și îndată se și făcu țărînă.

Iar eu încălecai p-o șea și
vă spusei dumneavoastră așa.

The Morning Star and the Evening Star

Once upon a time something extraordinary happened. If it had not happened it would not be told.

There was once an emperor and empress who were childless. So they sought out all the wizards and witches, all the old women and astrologers; but their skill proved vain, no one knew how to help them. At last the royal pair devoted themselves to almsgiving, praying, and fasting, until one night the empress dreamed that the Lord had taken pity on her, and appearing to her, said:

"I have heard your prayers, and will give you a child whose like can not be found on earth. Your husband, the emperor, must go to the brook tomorrow with a hook and line, then you are to prepare with your own hands the fish he catches, and eat it."

Luceafărul de ziuă și luceafărul de noapte

A fost odată ca niciodată, că dacă n-ar fi fost nici nu s-ar fi povestit.

A fost odată un împărat și o împărăteasă; ei nu făceau copii; umblase pe la toți vracii și vrăjitorii, pe la toate babele și cititori de stele, și toți rămaseră de rușine, căci n-avură ce le face. În cele din urmă împăratul și împărăteasa se puseră pe posturi, pe rugăciuni și milostenii; când, într-o noapte, Dumnezeu văzând râvna lor, se arătă împărătesei în vis și-i zise:

- Rugăciunea voastră am auzit-o și vei face un copil cum nu se va mai afla pe fața pământului. Mâine să se ducă împăratul, bărbatul tău, cu undița la gârlă, și peștele ce va prinde să-l gătești cu mâna ta și să-l mâncați.

Before it was fairly daylight, the empress went to the emperor and woke him, saying:

"Rise, my royal husband, it is morning."

"Why, what ails you to-day, wife, that you wake me so early?" the emperor replied. "Has any foe crossed the frontiers of my country?"

"Heaven forbid. I've heard nothing of that sort, but listen to my dream."

And she told him about it.

When the emperor heard her story he jumped out of bed, dressed, took the hook and line, and, gasping for breath, went to the brook. He threw in the hook and soon saw the cork on the line bob. He pulled it out, and what did he see? A big fish, made entirely of gold. It was a wonder that he did not die of joy. But what did the empress say when she saw it? She was still more out of her wits. The empress cooked the fish with her own hands, the royal couple ate it, and the empress instantly felt that the promise would be fulfilled. The maid-servant who cleared away the table saw a fish-bone on the empress' plate, and thought she would suck it, to know how food tastes when prepared by royal hands.

One day the empress received the gift of a beautiful boy, as handsome as a little angel. That same night the maid-servant, too, had a son who looked so exactly like the prince that they could not be distinguished from each other.

Nu se făcuse încă bine ziuă şi împărăteasa se duse la împăratul şi-l sculă zicându-i:

- Împărate! scoală c-a sosit alba în sat.

- Dar asta, răspunse împăratul, ce ai astăzi să mă scoli aşa de noapte; nu care cumva vrăjmaşii au călcat hotarele împărăţiei mele?

- Din mila lui Dumnezeu, de nici unele ca astea n-am auzit; dară am visat iaca ce...

Şi-i spuse visul.

Împăratul cum auzi, sări din aşternut, se îmbrăcă, luă undiţa şi se duse la pârâu gâfâind. Aruncă undiţa şi nu trecu mult, şi văzu pluta undiţii mişcându-se. Trase undiţa: când, ce să vezi? un peşte mare, cu totul şi cu totul din aur. Doară că nu-i căzu leşin de bucurie. Darămite când îl văzu împărăteasa? Ea fu şi mai oleoleo.

Găti împărăteasa singură cu mâna ei peştele şi mâncară. Ea îndată se simţi însărcinată.

Roaba care ridică masa văzu pe talerul împărătesei un os de peşte şi o bătu gândurile să sugă acel os, ca să ştie şi ea gustul bucatelor gătite de împărăteasă. Cum supse osul, se simţi şi ea însărcinată.

După nouă luni născu împărăteasa, ziua, un copil frumos, frumos, ca un îngeraş. Peste noapte născu şi roaba un copil, aidoma cu al împărătesei, încât nu aveau deosebire unul de altul. Cum era copilul împărătesei era şi al roabei.

The maid-servant's child precisely resembled the royal one. The prince was named Busujok, the maid-servant's son was called Siminok .

They grew up together, were taught their lessons, and learned as much in one day as other children in a whole year. When they were playing in the garden, the empress watched them from her window with great delight.

They became tall youths and looked so much alike that people could never tell which was the prince and which the maid-servant's son. They were haughty in bearing, both were charming, winning in speech, and brave, brave to a fault.

One day they determined to go hunting. But the empress was constantly fretting herself to find some way of recognizing her own son, for as their faces were alike and their clothes precisely the same; she often could not distinguish one from the other. She therefore thought of putting some mark on the prince. So she called him, and while pretending to be playing with his hair, knotted two locks together without his knowledge. Then the youths went off to hunt.

They hurried joyously through the green fields, skipped about like lambkins, gathered flowers, sprinkled themselves with dew, watched the butterflies flit from blossom to blossom, saw the bees gather wax and honey, and enjoyed themselves to the utmost.

Semănau, cum se zice, ca două picături de apă. Fiului de împărat i s-a dat numele de Busuioc, iară fiului de rob, Siminoc.

Crescând împreună şi făcându-se mari, i-a dat la carte, şi învăţau într-o zi cât învăţau alţi copii într-un an. Când se jucau ei în grădină, împărăteasa se uita cu drag la dânşii de pe fereastră.

Se făcură mari. Ei semănau atât de mult, încât nu cunoştea nimeni care este fiu de împărat şi care de rob. Boiul lor era mândru, amândoi aveau pe vino-ncoace, vorba lor, era vorbă cu lipici şi amândoi erau voinici, nevoie mare.

Într-o zi se hotărâră să meargă la vânătoare. Împărăteasa se tot ciudea cum să-şi cunoască pe fiul său: fiindcă şi feţele şi îmbrăcăminţile fiind la fel, de multe ori nu putea să deosebească pe unul din altul. Se gândi să facă fiului său un semn. Îl chemă şi, prefăcându-se că îi caută în cap, îi înnodă două viţe de păr, fără să ştie el.

Apoi plecară la vânătoare.

Alergară zburdatici prin câmpiile înverzite şi se zbenguiau ca mieluşeii; culeseră la floricele, se udară de rouă, priviră fluturii cum săltau şi săreau din floare în floare, cum albinele culegeau ceara şi adunau mierea, şi se desfătară foarte mult.

Then they went to the springs, drank some water to refresh themselves, and gazed unweariedly at the sky, which met the earth on the horizon. They would fain have gone to the end of the world to see it close at hand, or at least far enough to reach the spot where the earth grows marshy before it comes to an end.

Next they went into the woods. When they saw the beauties of the forest, they stood still with mouths wide open in astonishment. Consider that they had not beheld any of these things in their whole lives. When the wind blew and stirred the leaves, they listened to their rustling, and it seemed as if the empress was passing by, drawing her silken train after her. Then they sat down on the soft grass, under the shade of a big tree. Here they began to reflect and consult each other about how they were to commence hunting. They wanted to kill nothing but wild beasts. They did not notice the birds which hopped around them and perched on the boughs of the trees; they would have been sorry to hurt them, for they liked to listen to their twitter. It seemed as if the birds knew this; they showed no fear, but sang as if they were going to split their throats; the nightingales, however, trilled only from their craws, that their songs might be the sweeter. While they stood there consulting, the prince suddenly felt so overwhelmed with fatigue that he could hold out no longer, but laying his head in Siminok's lap, asked him to stroke his hair.

While he was doing so, Siminok stopped and said:

"What is the matter with your head, Brother Busujok?"

Apoi merseră la fântână, băură apă de se răcoriră şi
priveau cu nesaţ cum se lasă cerul în depărtare pe
pământ, şi ar fi dorit să meargă până la sfârşitul
pământului, să vază cerul din apropiere, sau măcar până
vor da de locurile acelea unde pământul este ca piftia.

Apoi intrară în pădure. Când văzură frumuseţile
pădurilor, rămaseră cu gurile căscate. Vezi că ei nu mai
văzuseră d-alde astea de când îi făcuse mă-sa. Când bătea
vântul şi se mişcau frunzele, ascultau la fâşâitul lor şi li se
părea că împărăteasa umblă târând după sine rochia cea
de mătase; apoi se aşezară pe iarba fragedă, la umbra
unui copac mare. Aci se puseră a cugeta şi a sfătui cum să
înceapă vânătoarea. Ei, nici una, nici alta, voiau să vâneze
tot lighioni sălbatice.

Păsărelele, cari alergau împrejurul lor şi se puneau pe
crăcile copacului, nici nu le băgau ei în seamă; lor, le era
milă să-şi puie mintea cu ele; dară le plăcea să le asculte
ciripind. Păsărelele parcă băgaseră şi ele de seamă una ca
aceasta, şi nu se sfiau, ba încă cântau de se spărgeau; iară
privighetorile trăgeau la geamparale numai din guşe, ca
să fie mai dulce cântarea lor. Şi aşa, stând ei aci şi
sfătuindu-se, pe fiul împăratului îl apucă o moliciune de
nu putea sta în sus şi îşi lăsă capul în poala lui Siminoc,
rugându-l să-i caute niţel în cap, până va adormi el.

După ce îi căută ce-i căută, Siminoc se opri şi zise:

- Ce este asta din capul tău, frate Busuioc?

"What should be the matter? How do I know, Brother Siminok?"

"Just see," replied Siminok, "two locks of your hair are tied together."

"How is that possible?" said Busujok. This discovery vexed the prince so much that he determined to go out into the wide world.

"Brother Siminok," he said, "I'm going out into the wide world, because I can't understand why my mother tied my hair while she was playing with it."

"Listen to reason, Brother Busujok, and do nothing of the sort," replied Siminok; "if the empress tied your hair, it certainly was not for any evil purpose."

But Busujok remained firm in his resolve, and when he took leave of Siminok, he said to him:

"Take this handkerchief, Brother Siminok, and if you ever see three drops of blood on it, you will know that I am dead."

"May the Lord help you, Brother Busujok, that you may prosper; but I beg you once more by my love, stay!"

"Impossible," replied Busujok.

Then the youths embraced each other, and Busujok departed; Siminok remained behind, gazing longingly after him till he was out of sight.

Siminok then returned to the palace and related all that had happened.

- Ce să fie? Ştiu eu de ce mă întrebi, frate Siminoc?

- Iaca văz, răspunse Siminoc, că două viţe de păr în capul tău sunt înnodate.

- Cum se poate? zise Busuioc.

Aceasta supără atât de mult pe Busuioc, încât se hotărî să plece în lume.

- Frate Siminoc, zise Busuioc, eu mă duc în lume fiindcă nu pot să pricep de ce mama mi-a înnodat părul când mi-a căutat în cap.

- Măi frate Busuioc, îi răspunse Siminoc, vino-ţi în fire şi nu mai face una ca asta. Căci dacă împărăteasa ţi-a înnodat părul, nu crez să o fi făcut cu vreun gând rău.

Busuioc însă a rămas nestrămutat în hotărârea sa şi, când şi-a luat rămas bun de la Siminoc, i-a zis:

- Na, frate Siminoc, batista asta. Când vei vedea pe dânsa trei picături de sânge, să ştii că sunt mort.

- Să-ţi ajute Dumnezeu, frate Busuioc, să nimereşti cu bine; dară eu încă o dată te rog, pentru dragostea mea, să rămâi, să nu mai pribegeşti pân lume.

- Peste poate, răspunse Busuioc.

Apoi se îmbrăţişară şi Busuioc plecă; iară Siminoc rămase de se uita galeş după dânsul până îl pierdu din ochi.

Siminoc se întoarse acasă şi povesti părinţilor toate cele ce se întâmplase.

The empress was insane with grief. She wrung her hands and wept till it was pitiful to see her. But she did not know what to do, and at last comforted herself a little by gazing at Siminok. After some time the latter took out the prince's handkerchief, looked at it, and saw three drops of blood on it. Then he said:

"Oh! my royal brother is dead. I shall go and look for him."

Taking some provisions for the journey, he set out in search of Busujok. He passed through cities and villages, crossed fields and forests, wandering on and on till he reached a small hut. There he met an old woman, whom he asked about his brother. The crone told him that Busujok had become the son of the emperor who reigned in the neighborhood.

When Siminok reached this emperor's palace, the princess, as soon as she saw him, thought that he was her husband and came running to meet him. But he said:

"I am your husband's brother; I have heard that he is dead, and came here to learn something about him."

"I can not believe it," replied the princess. "You are my husband, and I don't know why you deny it. Has my faith been put to any test, and have I ever deceived you?"

"Nothing of the sort. But I tell you truthfully that I am not your husband."

The princess would not believe this, so Siminok said:

"The Lord will show the truth. Let the sword hanging on yonder nail scratch whichever of us two is mistaken."

Împărăteasa nu mai putea de inimă rea. Își frângea mâinile și plângea, de să ferească Dumnezeu. Dară n-avu ce-și face capului, și se mângâia oarecum văzând pe Siminoc.

După câtva timp, acesta scoase batista, se uită la dânsa și văzu trei picături de sânge. Atunci zise:

- I! a murit frățiorul meu. Mă duc să-l caut.

Și luându-și merinde, plecă după dânsul să-l caute. Trecu prin orașe și sate, străbătu câmpiile și codrii, merse, merse, până ce ajunse la o căsuță. Acolo întâlni pe o bătrână și întrebă de fratele său. Bătrâna îi spuse că se făcuse ginere al împăratului din acea parte de loc.

Ajungând la palaturile împăratului aceluia, cum îl văzu fie-sa, socoti că e bărbatu-său, și alergă întru întâmpinarea lui. El zise:

- Eu sunt fratele bărbatului tău; am auzit că a pierit din lume, și am venit să aflu de căpătâiul său.

- Eu nu crez una ca asta, zise fiica de împărat. Tu ești bărbatul meu, și nu știu de ce te prefaci așa acum. Au doară credința mea a fost pusă la cercare și eu te-am amăgit?

- Nici unele din acestea nu este. Ci eu îți spui în cuget curat, nu sunt eu bărbatul tău.

Ea nu voia să crează cu nici un chip.

Atunci el zise:

- Dumnezeu să-și arate dreptatea. Pe cine nu va fi drept din amândoi, să-l cresteze sabia care stă în cui.

Instantly the sword sprang down and cut the princess' finger. Then she believed Siminok, and gave him the hospitality which was his due.

The next day he learned that Busujok had gone out hunting and had not yet returned. So he, too, mounted a horse, took some greyhounds, and rode after his brother, following the direction in which he had gone. He rode on and on till he reached a forest, where he met the Wood Witch. As soon as he saw her, he set off after her. She fled, he pursued, until perceiving no way of escape she swung herself up into a tall tree.

Siminok dismounted, tied his horse to a tree, made a fire, took out his provisions, and began to eat, occasionally tossing the greyhounds something.

"Oh, dear! Oh, dear! I'm so cold," said the Wood Witch, "my teeth are chattering."

"Get down and warm yourself by the fire," replied Siminok.

"I'm afraid of the dogs," she said.

"Don't be frightened, they'll do you no harm."

"If you want to do me a favor," the Wood Witch answered, "take a strand of my hair and tie your dogs with it."

Siminok put the hair in the fire.

"Oh! how horribly the hair I gave you smells—you have put it in the fire."

Şi îndată sabia sări şi crestă pe fată la deget, şi atunci
crezu şi ea. Apoi găzdui după cum se cuvenea pe
Siminoc.

A doua zi el află că Busuioc se dusese la vânătoare şi nu
se mai întoarse. Încălecă deci şi el pe un cal, luă ogari şi
plecă după frate-său, în partea locului pe unde se dusese
acesta. Merse ce merse şi ajunse în pădure; acolo se întâlni
cu Muma-pădurii.

Cum o văzu, se luă după dânsa, şi dă-i goană. Ea fugea, el
după dânsa, până ce Muma-pădurii văzând că n-are
încotro, se sui într-un copac înalt şi acolo scăpă.

Siminoc descălecă şi el, priponi calul, făcu focul, scoase
merindele şi începu să mănânce lângă foc, aruncând şi
ogarilor câte ceva.

- Aoleo! cum mi-e frig, zise Muma-păurii, îmi clănţănesc
dinţii.

- Dă-te jos, îi răspunse Siminoc, de te încălzeşte la foc.

- Mi-e frică de câini, zise ea.

- Nu te teme, că nu-ţi fac nimic.

- Daca vei să-mi faci bine, mai zise ea, na o viţă din cosiţă
şi leagă-ţi câinii.

El puse viţa de cosiţă pe foc.

- Uf! ce greu miroase, zise Muma-pădurii, cosiţa ce ţi-am
dat-o şi pe care tu ai pus-o pe foc.

"Go away from here and don't talk any more nonsense,"
replied Siminok. "One of the hounds put its tail a little too
near the fire and scorched it, that's what smells so badly.
If you are cold, come down and warm yourself, if not,
hold your tongue and let me alone." The Wood Witch
believed him, came down, approached the fire, and said:
"I am hungry."

"What shall I give you to eat? Take what you want."

"I would like to eat you," said the Wood Witch

"And I will devour you," replied Siminok. He set the
hounds upon her to tear her to pieces.

"Stop," cried the Wood Witch, "call off your dogs that
they may not tear me, and I'll give you back your brother
with his horse, hounds, and all." Siminok called off the
dogs. The Wood Witch swallowed three times and up
came Busujok, his horse, and his dogs. Siminok now set
his hounds upon her, and they tore her into mince-meat.
When Busujok recovered his senses, he wondered at
seeing Siminok there and said:

"Welcome, I'm glad to meet you so well and happy,
Brother Siminok, but I've been asleep a very long time."

"You might have slept soundly till the end of the world, if
I had not come?" he replied. Then Siminok told him every
thing that had happened from their parting until that
moment. But Busujok suspected him; he thought that
Siminok had won his wife's love, and would not believe
him when he told him the simple truth—that such an idea
had never entered his head.

- Ai te cară de aici, îi răspunse Siminoc, şi nu mai spune la nimicuri. Iaca unul din ogari a dat cu coada prin foc, s-a pârlit niţel şi d-aia miroase greu. Daca ţi-e frig, dă-te jos şi vino de te încălzeşte; daca nu, tacă-ţi fleoanca şi mă lasă în pace, nu mă tot supăra.

Atunci ea crezu, se dete jos şi, alăturându-se de foc, zise:

- Mi-e foame.

- Ce să-ţi dau să mănânci? Iaca ia ce-ţi place din ceea ce am dinainte.

- Eu voi să te mănânc pe tine, zise Muma-pădurii, găteşte-te!

- Ba te voi mânca eu pe tine, răspunse Siminoc şi asmuţi câinii la dânsa ca să o sfâşie.

- Stăi, zise Muma-pădurii, opreşte câinii să nu mă sfâşie, că ţi-oi da pe frate-tău, cu cal şi cu ogari cu tot.

Siminoc opri câinii; atunci Muma-Pădurii icni de vro trei ori şi dete afară dintr-însa pe Busuioc, calul şi ogarii; iară Siminoc îşi asmuţi ogarii şi o făcură mici fărâmi.

Deşteptându-se Busuioc, se miră cum de vede pe Siminoc aci şi-i zise:

- Bine ai venit sănătos, frate, dară mult am dormit.

- Puteai tu să dormi mult şi bine, daca nu eram eu.

Apoi îi spuse toată şiritenia de la despărţirea lor până acum.

Now that Busujok had once begun to be jealous of his bride, he acted like a lunatic! So, being overpowered by evil thoughts, he made an agreement with Siminok to bandage the eyes of their horses, mount them, and let them carry their riders wherever they would.

This was done. When Busujok heard a groan he stopped his horse, untied the bandage, and looked around him. Siminok was nowhere to be seen. Just think! He had fallen into a spring, been drowned, and never came out again!

Busujok returned home and questioned his wife; she told just the same story as Siminok. Then, to be still more certain of the truth, he, too, ordered the sword to jump down from the wall and scratch the one who was wrong. The sword leaped down and wounded his middle finger.

The prince pined away, lamenting and weeping bitterly for the loss of Siminok, and sorely repenting his undue haste, but all was vain, nothing could be changed. So, in his grief and anguish, he resolved not to live any longer without his brother, ordered his own eyes and those of his horse to be bandaged, mounted it, and bade it hasten to the forest where Siminok had perished. The horse went as fast as it could, and plump! it tumbled into the very same spring where Siminok had fallen, and there Busujok, too, ended his days. But at the same time the morning star, the emperor's son Busujok, and the evening star, the maid-servant's son Siminok, appeared in the sky.

Into the saddle then I sprung,
This tale to tell to old and young.

Busuioc bănuind pe Siminoc că s-o fi îndrăgostit cu
femeia lui, nu voi să-l crează când acesta îi mărturisi
adevărul, spuindu-i că nici prin gând nu i-a trecut una ca
asta vreodată. El se făcu dârz, începând a-şi teme nevasta.
Şi aşa puindu-i gând rău, se învoi cu Siminoc ca să se lege
la ochi, ei şi pe caii lor, apoi să încalece, să le dea drumul,
şi unde i-o scoate să-i scoată.

Aşa făcură. Când Busuioc, auzind un geamăt, opri calul,
se dezlegă la ochi, se uită, şi Siminoc nicăiri. Pasămite el
căzuse într-o fântână şi înecându-se, n-a mai ieşit d-acolo.

Busuioc se întoarse acasă, îşi ispiti nevasta, şi ea spuse ca
şi Siminoc. Apoi ca să se încredinţeze şi mai bine de
adevăr, zise şi el sabiei să sară din cui şi să cresteze pe cel
vinovat. Sabia sări şi-l crestă pe dânsul la degetul cel
mare.

Se tângui el, se jeli, plânse cu amar că pierduse pe
Siminoc; se căi că se prea iuţise, dară toate fură în deşert,
că n-avu ce-i mai face. Atunci, plin de obidă şi de durere,
nici el nu mai voi a trăi fără frate-său, ci legându-se iarăşi
la ochi, precum şi pe cal, încalecă şi-i dete drumul în
pădurea în care pierise fratele său. Alergă calul ce alergă,
şi, bâldâbâc! dete în fântâna în care căzuse şi Siminoc, şi
acolo îşi sfârşi zilele şi Busuioc, şi de atuncea a răsărit
luceafărul de ziuă, fiul împăratului, Busuioc, şi luceafărul
de noapte, fiul roabei, Siminoc.

Iar eu încălecai p-o şea şi
vă spusei dumneavoastră aşa.

CONTENT

The Wonderful Bird……………………..………4

Youth without Age and Life without Death……54

The Morning Star and the Evening Star………..88

CONȚINUT

Pasărea măiastră…………………....……………5

Tinerețe fără bătrânețe şi viață fără de moarte…...55

Luceafărul de ziuă şi luceafărul de noapte……..…89

Printed in the USA
CPSIA information can be obtained
at www.ICGtesting.com
LVHW040535221123
764422LV00003B/608